Der Requirements-Engineering-Prozess:

Ermitteln, Beschreiben, Prüfen und Managen von Anforderungen

Aydin Koca

1. Auflage

Kontakt: Aydin Ilker Koca / Beskidenstr. 7 / 70734 Fellbach
Covergestaltung: Aydin Ilker Koca
Coverfoto: pixabay.com

WIDMUNG

Dieses Buch widme ich meiner neugeborenen Tochter
Aylin Lile Koca und meiner lieben Frau

Inhaltsverzeichnis

Abbildungsverzeichnis 1

Tabellenverzeichnis..................................... 2

Abkürzungsverzeichnis 3

1 Vorgehen bei der Anforderungsdefinition 4

2 Der Requirements Engineering Prozess 13

3 Methoden des Requirements Engineering Prozesses 15

3.1.1: Ermitteln 15

3.1.2: Beschreiben... 19

3.1.3: Prüfen 27

3.1.4: Managen 28

Literaturverzeichnis....................................32

Stichwortverzeichnis 37

DANKSAGUNG

Ich bedanke mich bei allen die mich bei der Erstellung dieses Buches unterstütz haben, im besonderen bei Prof. Dr. Martin Forster von der Hochschule der Medien für die langjährige gute Zusammenarbeit.

Abbildungsverzeichnis

Abbildung 1: Vorgehensübersicht 10

Abbildung 2: Vorgehensmodell Requirements Engineering 14

Abbildung 3: Systemkontext 21

Abbildung 4: Klassifizierung der Basiskonzepte nach der Darstellungsform ihrer Notationen 23

Abbildung 5: Anforderungsmatrix 30

Tabellenverzeichnis

Tabelle 1: Abbildung von Anwendungsbereichen auf Basiskonzepte 25

Abkürzungsverzeichnis

BPMN	Business Process Modeling Notation
ER	Entity Relationship
ET	Entscheidungstabelle
IEEE	The Institute of Electrical and Electronics Engineers
OMG	Object Management Group
PAP	Programmablaufplan
RE	Requirements Engineering
SAP	Systeme, Anwendungen und Produkte in der Datenverarbeitung
SysML	System Modeling Language
UML	Unified Modeling Language

1
Vorgehen bei der Anforderungsdefinition

Dieses Buch gibt einen kurzen Überblick über die verschiedenen Methoden, Modelle und Vorgehensweisen im Requirements Engineering[1] ohne dabei die verschiedenen Konzepte im vollen Umfang darzustellen. Zudem wird ein Vorgehensmodell zur Erstellung einer Anforderungsdefinition dargestellt und erläutert. In der wissenschaftlichen Literatur werden verschiedene Vorgehensweisen im Requirements Engineering vorgeschlagen[2]. Dabei ist unter Requirements Engineering nach Auffassung der Gesellschaft für Informatik folgendes zu verstehen: „Das Requirements Engineering (RE) befasst sich mit der Ermittlung, Beschreibung, Prüfung und dem Management von Anforderungen.“[3]

1 Es erfolgt kein Anspruch auf vollständige Darstellung aller im Requirements Engineering vorhandenen Methoden, Modelle und Vorgehensweisen.

2 Vgl. Pohl, 2008, Oestereich, 2009.

3 Gesellschaft für Informatik e.v., 2011.

Letztendlich beschreibt Requirements Engineering also, das gesamte Vorgehen in Bezug, zu Anforderungen, von der Gewinnung, Dokumentation und Modellierung bis zur Analyse dessen. Dabei gibt es aus wissenschaftlicher Betrachtungsweise diverse Ansätze, die sich zum Teil durch die verwendeten Methoden und Modelle unterscheiden.

Im nachfolgenden werden verschiedene Ansätze, des Requirements Engineering, vorgestellt:

- **Traditionelle Systemanalyse**

Die traditionelle Systemanalyse basiert auf der Analyse eines bestehenden Systems oder Prozesses, um daraus Anforderungen an ein zu entwickelndes System zu gewinnen.[4] Dabei kommt beispielsweise die Methode der strukturierten Analyse nach DeMarco[5] zum Einsatz, in der die Datenflüsse bestehender oder zukünftiger Systeme beschrieben und analysiert werden. Aus den abgeleiteten Ist-Modellen über die existierenden Prozesse oder Systeme werden die Soll-

4 Vgl. Pohl, 2008, S. 25.

5 Vgl. DeMarco, 1978.

Modelle mit den gewünschten Änderungen erstellt. Somit kann nach Pohl festgehalten werden, dass es in der strukturierten Analyse zwei Arten von Analysen sowie zwei Arten von Modellen gibt.[6]

- **Zielorientierte Analyse**

Das zielorientierte Requirements Engineering berücksichtigt, explizit, die Ziele der Stakeholder, an ein System. Dies äußert sich in einer speziellen Dokumentation der Ziele mithilfe verschiedener Modelle und textuellen Dokumenten. Laut Pohl werden u. a. folgende, positive, Auswirkungen auf das Requirements Engineering angenommen:[7]

— **Besseres Systemverständnis**

Ein explizit formuliertes Ziel, führt zu einem besseren Verständnis und somit zu einer höheren Akzeptanz, da der Zweck des Systems explizit gemacht wird und die Intention zur Entwicklung des Systems klargestellt wird.

---

6 Vgl. Pohl, 2008, S. 26.

7 Es werden nur einige positive Auswirkungen aufgezeigt. Für eine vollständige Auflistung vgl. Pohl, 2008, S. 89f.

— **Gewinnung von Anforderungen**

Indem die Ziele explizit gemacht werden, können für die entsprechenden Ziele Anforderungen abgeleitet werden, welche die Ziele konkretisieren. Eine Kopplung von Zielen und Szenarien, können die Zielerreichung beschreiben und somit die systematische Anforderungsgewinnung fördern.

— **Identifikation und Bewertung von Lösungsalternativen**

Ein Ziel kann durch mehrere Realisierungsmöglichkeiten erreicht werden. Durch Verfeinerung der Ziele in Teilziele, können systematisch, alternative Lösungsansätze identifiziert werden.

- **Objektorientierte Analyse**

Die traditionelle Systemanalyse wird zunehmendes durch die objektorientierte Analyse abgelöst, da die objektorientierte Analyse einige Vorteile gegenüber der traditionellen Systemanalyse aufweist.[8] Die traditionelle Systemanalyse setzt ihren Fokus auf Funktionen und Daten. Diese werden

[8] Vgl. Engel & Uhlig, 2011.

jedoch getrennt betrachtet und nicht integriert, wie das zum Beispiel bei der objektorientierten Modellierung der Fall ist.[9] Die objektorientierte Analyse bietet im Vergleich zu den traditionellen Ansätzen, den Vorteil, dass Sie die Funktionen, die Daten und ein spezifisches Verhalten, in einem Objektmodell zusammenfasst. Für das Paradigma der Objektorientierung sind zahlreiche Versuche unternommen worden, eine einheitliche Modellierungssprache als Methode für die objektorientierte Analyse zu entwickeln.[10] Inzwischen hat sich mit der Uml[11] (Unified Modeling Language) ein Industriestandard etabliert.

- **Geschäftsprozessorientierte Analyse**

Das geschäftsprozessorientierte Requirements Engineering stellt den Geschäftsprozess als zentralen Betrachtungsgegenstand fest. Dabei werden ausgehend vom Geschäftsprozess, die Anforderungen identifiziert, die nötig sind, damit der Prozess korrekt ablaufen kann. Der Unterschied zur traditionellen Systemanalyse besteht

---

9 Weiterführende Informationen über verschiedene Analysemethoden siehe Wieringa, 1998.

10 Vgl. Pohl, 2008, S. 200.

11 Vgl. Object Management Group, 2011.

zum ersten, aus den verwendeten Methoden und zum zweiten aus den verwendeten Modellen. In der strukturierten Analyse wird ein System in Subsysteme aufgeteilt und es werden die Datenflüsse die zwischen den Subsystemen und ihren Funktionen bestehen modelliert. Im Gegensatz dazu, werden bei der geschäftsprozessorientierten Analyse, die Kerngeschäftsprozesse identifiziert, die das System unterstütz oder unterstützen soll. Diese Kernprozesse werden weiter detailliert und die Geschäftsprozessschritte werden identifiziert und modelliert. Aus den konkreten Geschäftsprozessen lassen sich die Anforderungen, die Strukturen und die Akteure an das zu entwickelnde System ableiten.

Die dargestellten Ansätze, im Requirements Engineering, unterscheiden sich durch die verschiedenen Betrachtungsweisen auf ein bestimmtes Problem. Die objektorientierte Analyse, betrachtet in der Analysephase die zentralen Objekte, mit ihren spezifischen Attributen und ihren Funktionen. Die traditionelle Systemanalyse konzentriert sich in erster Linie auf die Datenflüsse, zwischen den Funktionen. Je nach Einsatzzweck, sei es ein Softwareentwicklungsprojekt, ein Softwaremigrationsprojekt oder ein Projekt zur Einführung einer Standardsoftware, lassen sich die vorgestellten Analyseansätze einsetzen. In der Praxis kann es durchaus auch vorkommen, dass nicht nur Methoden und Modelle eines Ansatzes genutzt werden. Durch die verschiedenen Sichtweisen, auf die Problemstellung, kann es angebracht sein, Modelle und Methoden aus den verschiedenen Ansätzen zu kombinieren um so eine andere Perspektive auf das jeweilige Problem zu bekommen.

Daher wird im folgenden, auf Basis der geschäftsprozessorientierten Analyse und der Definition des Requirements Engineering, nach der Gesellschaft für Informatik, die in diesem Buch verwendete, Vorgehensweise im Requirements Engineering – Prozess beschrieben.

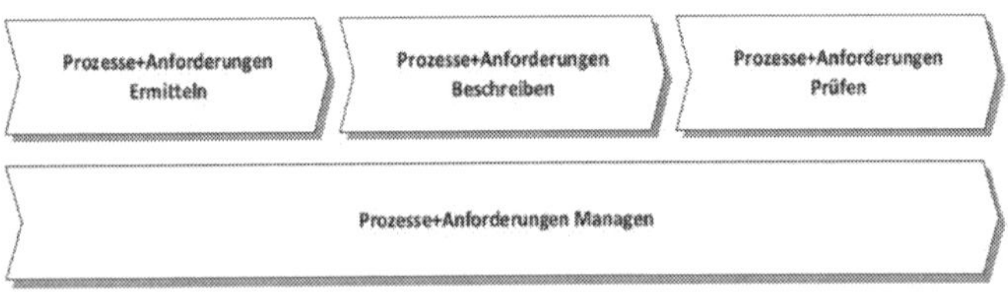

Abbildung 1: Vorgehensübersicht

Grob zusammengefasst kann gesagt werden, dass im ersten Schritt die Prozesse und daraus die

Anforderungen mithilfe verschiedener Techniken, wie z. B. Workshops und Fragebögen zu ermitteln und zu erfassen sind. Im nächsten Schritt werden die ermittelten Prozesse und Anforderungen mithilfe verschiedener Modellierungs- und Analyse Methoden beschrieben und dokumentiert. Hierbei ist zu bemerken, dass dieser Ablauf kein einmaliger Prozess ist. Es erfolgt zusammen mit dem Auftraggeber eine Prüfung der Prozess- und Anforderungsartefakte, dabei können sich manche Sachverhalte erst daraufhin konkretisieren oder es kommen durch den Auftraggeber neue Anforderungen hinzu. Diese sind wieder zu erfassen und zu beschreiben. Da funktionale Anforderungen in Geschäftsanwendungsfällen in der Regel Funktionen eines Systems sind, die einen bestimmten Prozess unterstützen sollen und nach Robertson & Robertson Funktionen, das sind, was ein System tun soll[12], liegt der Fokus, in dem nachfolgend vorgestellten Vorgehensmodell, primär auf den Prozessen, welche das System unterstützen soll. Somit ist es möglich, aus den Prozessanforderungen die funktionalen Anforderungen der Systemnutzer

12 Vgl. Robertson & Robertson, 2006, S. 9 – 10.

zu konkretisieren. Als Basis für das nachfolgend vorgestellte Vorgehensmodell dient eine phasenorientierte Betrachtung mit der Möglichkeit des iterativen Durchlaufens der Phasen, wobei im Kern die zentrale Betrachtung auf den, durch das System zu unterstützenden, Prozessen liegt.

2
Der Requirements Engineering Prozess

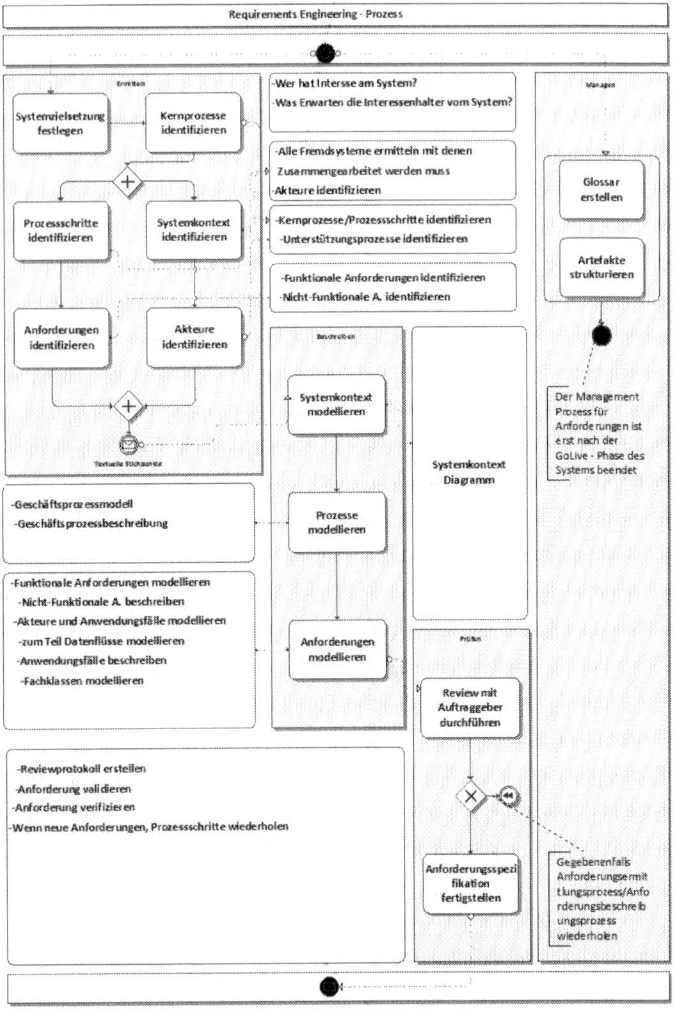

Abbildung 2: Vorgehensmodell Requirements Engineering

3
Methoden des Requirements Engineering Prozesses

In diesem Abschnitt der Arbeit werden die Methoden und die konkrete Vorgehensweise dargestellt, die in den jeweiligen Schritten des Requirements Engineering Prozesses zur Anwendung kommen.

3.1.1: Ermitteln

Die erste Phase startet, nachdem festgestellt wird, dass es ein Problem gibt bzw. Bedarf besteht, Anforderungen für ein System zu erfassen. In einem oder mehreren Workshops[13] wird versucht, die grundlegenden Fragen zu klären.

1. **Systemzielsetzung festlegen**

13 Es können auch Fragebögen erstellt und Interviews durchgeführt werden.

Soll ein neues System entwickelt, oder soll ein bestehendes System angepasst werden. Zentraler Punkt hierbei ist es festzulegen, was das tatsächliche Ziel des Systems ist. Ein Navigationssystem zum Beispiel hat als Ziel, die komfortable Routenfindung und Routenführung. Mithilfe des Systems soll der Nutzer von Punkt A nach Punkt B geleitet werden. Wie zu sehen ist, muss zu Beginn festgelegt werden, welchen Mehrwert das System den Nutzer bieten soll.

2. Prozesse identifizieren

In den Workshops und Meetings, die durchgeführt werden, um die Anforderungen der Stakeholder zu erfassen, darf der Fokus nicht von den Prozessen abweichen. Im Kontext dieses Buches liegt das Hauptaugenmerk auf der Erfassung und Dokumentation von Anforderungen für ein betriebliches System. In der Regel dienen betriebliche Systeme um die Prozessbeteiligten bei Ihrer Tätigkeit in der Prozessdurchführung, zu unterstützen. Dadurch gibt es in diesem Abschnitt des Requirements Engineering Prozesses enge

Überschneidungen mit dem Geschäftsprozessmanagement. Dies führt dazu, dass die verschiedenen Prozesse zu identifizieren sind, welche mit dem System durchgeführt werden sollen und die Prozesse, die Berührungspunkte zu den identifizierten Prozessen aufzeigen. Hierbei gibt es die Kernprozesse, die identifiziert werden müssen und einen Kundennutzen erzeugen, sowie die Unterstützungsprozesse, welche die Prozessbeteiligten bei der Durchführung der Kernprozesse unterstützen.[14]

3. Systemkontext identifizieren

Der Systemkontext stellt das System abstrakt dargestellt in den Mittelpunkt. Dadurch wird der Versuch unternommen, alle außenstehenden Systeme, Akteure und sonstige Objekte, die in der Umwelt des Systems sind und mit dem System, in irgendeiner Weise interagieren, zu identifizieren. Dadurch ist es möglich, Anforderungen zu gewinnen.

[14] Für Weitergehende Informationen zum Prozessmanagement und den Methoden der Prozessidentifikation siehe Allweyer, 2005.

Ist das Ziel eines Systems zum Beispiel, nach aktuellen Informationen in bestimmten Systemen zu suchen und zu verarbeiten, so können die Systeme identifiziert werden, die aus der Umwelt des eigentlichen Systems sind. Um mit anderen Systemen interagieren zu können, sind grundlegenderweise gewisse Funktionen vonnöten, daher können an diesen Berührungspunkten mit den Systemen aus der Umwelt, Anforderungen gewonnen werden.

Wird bei der Suche nach Systemen, Akteuren und sonstigen Objekten festgestellt, dass es Elemente gibt, die nicht außerhalb, sondern innerhalb des Zielsystems liegen, werden diese Informationen nicht verworfen, sondern ebenfalls erfasst.

4. Akteure Identifizieren

Ein Interessenhalter (engl. Stakeholder) eines Systems ist nach Pohl & Rupp eine Person oder Organisation, die direkt oder indirekt Einfluss auf die Anforderungen des betrachteten Systems hat.[15]

---

15 Vgl. Pohl & Rupp, 2009, S. 12.

5. Anforderungen identifizieren

In der Identifikationsphase ist eine textuelle Beschreibung der spezifischen Anforderungen in punktueller Aufzählung festzulegen. Dabei gibt es eine Vielzahl an verschiedenen Arten von Anforderungen. Die IEEE – Richtlinie[16] enthält einen Vorschlag zur Strukturierung der verschiedenen Anforderungsarten:

- Externe Schnittstellen – Anforderungen
- Funktionale Anforderungen
- Leistungsanforderungen
- Entwurfsrestriktionen
- Qualitätsmerkmale
- Andere Anforderungen

Dabei ist natürlich je nach Projekt und Bedarf auf die jeweiligen Anforderungsarten mal detaillierter und mal weniger detaillierter einzugehen.

3.1.2: Beschreiben

16 Vgl. The Institute of Electrical and Electronics Engineers, 1999.

In diesem Abschnitt werden die Artefakte, die aus der Ermittlungsphase hervorgegangen sind eingehend analysiert und anschließend erfolgt die Modelbildung mithilfe verschiedener Modellierungsmethoden, die im Nachfolgenden vorgestellt werden. Wie in Kapitel 2 bereits erwähnt, basiert dieses Vorgehensmodell und die darin verwendeten Methoden, auf der geschäftsprozessorientierten Analyse.

Nichtsdestotrotz kommen nicht nur Prozessmodelle zum Einsatz. In den meisten Fällen werden auch Modellierungselemente der Uml und bei Bedarf Datenflussdiagramme der strukturierten Analyse gebraucht. Wie in Kapitel 2 dargelegt, bieten verschiedene Modelle, verschiedene Sichtweisen, auf dieselbe Problemstellung und lassen somit manchen Sachverhalt aus einem geeigneteren Blickwinkel erscheinen.

1. Systemkontext modellieren

Zur Modellierung des Systemkontextes wird in diesem Buch die SysML[17] (System Modeling Language) verwendet.

---

[17] SysML ist eine auf der UML basierende Sprache für die Modellierung von Systemen.

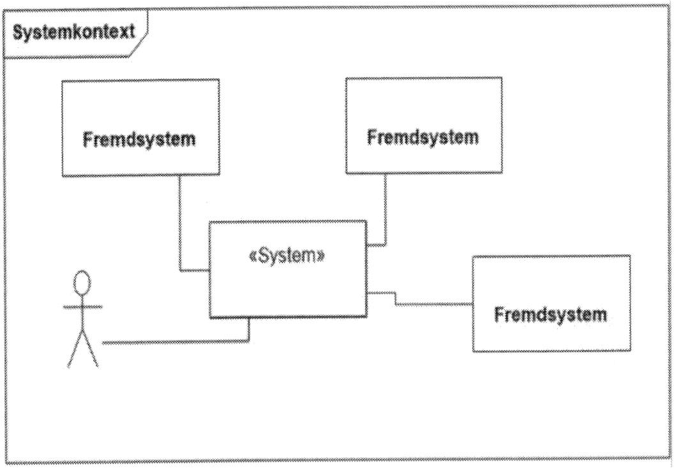

Abbildung 3: Systemkontext

Dabei wird das Zielsystem als Blackbox dargestellt und die mit dem Zielsystem interagierenden, in Beziehung stehende Fremdsysteme und Akteure modelliert.

Sind Informationen vorhanden, die darauf schließen lassen, dass es Systeme, Akteure und andere Elemente gibt, die in Beziehung zum Gesamtsystem stehen, jedoch sich innerhalb des Systems befinden, werden diese mithilfe der

Blockdiagramme als Systembausteine modelliert.[18]

2. Anforderungen modellieren

Es gibt verschiedene Arten, wie Anforderungen modelliert werden können. Nachfolgende Abbildung gibt nach Balzert einen Überblick darüber, wie Darstellungsformen von Anforderungen klassifiziert werden können.

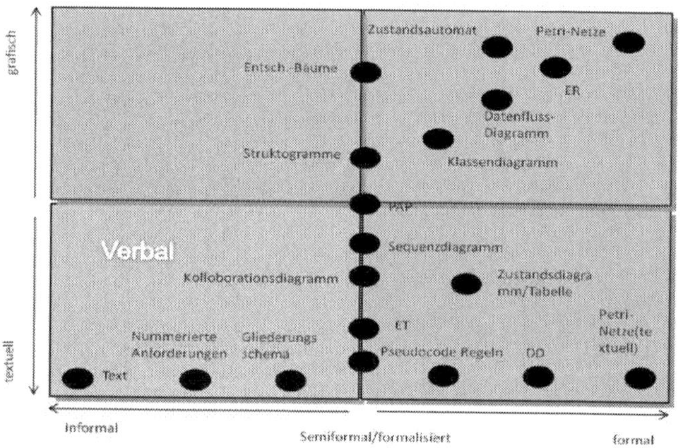

Legende: PAP = Programmablaufplan
ER = Entity Relationship
ET = Entscheidungstabelle
DD = Data Dictionary

[18] Für weiterführende Informationen über die Model – Elemente der SysML, siehe Weilkiens, 2006.

Abbildung 4: Klassifizierung der Basiskonzepte nach der Darstellungsform ihrer Notationen[19]

Es kann hier keine eindeutige Empfehlung gegeben werden, welche Modellierungsmethode und Notation angewandt werden soll, um Anforderungen zu beschreiben. Nichtsdestotrotz kann man nach Balzert, folgendes Vorgehen empfehlen, um die geeigneten Modellierungsmethoden zu finden[20]:

- **Prüfen in welchem Anwendungsbereich das System fällt. Soll es ein:**
  — Echtzeitsystem
  — Ein System zur Mensch – Computer- Interaktion
  — Administratives System
  — Oder ein technisch – wissenschaftliches System sein

Je nach Anwendungsbereich ergeben sich unterschiedliche Komplexitäten, hinsichtlich der Da-

19 In Anlehnung an Balzert, 2000, S. 110.

20 Vgl. Balzert, 2000, S. 106 – 109.

ten, der Funktionen, der Algorithmen, der Systemumgebung, des zeitabhängigen Verhaltens sowie der Benutzeroberfläche.

Nachfolgende Tabelle gibt eine Empfehlung, welche Modellierungsmodelle zur Anwendung kommen können, in Hinblick auf den Anwendungsbereich des Zielsystems.

Tabelle 1: Abbildung von Anwendungsbereichen auf Basiskonzepte[21]

<table>
<tr><th colspan="2">Anwendungsbereich</th><th>Komplexität</th><th>Basiskonzepte</th></tr>
<tr><td></td><td rowspan="2">administrativ</td><td>... der Daten</td><td>▪ Data Dictionary
▪ ER (Entity Relationship)
▪ (Zustandsautomat)
▪ Klassendiagramm</td></tr>
<tr><td rowspan="2">Technisch-wissenschaftlich</td><td>...der Funktionen</td><td>▪ Klassendiagramm
▪ Geschäftsprozess
▪ Datenflussdiagramm
▪ Funktionsbaum</td></tr>
<tr><td>Echtzeit</td><td>...der Algorithmen</td><td>▪ Pseudocode
▪ PAP(Programmablaufplan)
▪ Struktogramm
▪ ET (Entscheidungstabelle)
▪ Regeln</td></tr>
</table>

21 In Anlehnung an Balzert, 2000, S. 107.

		...der Systemumgebung	▪ Datenflussdiagramm
		...des Zeitabhängigen Verhaltens	▪ Petri – Netze ▪ Zustandsautomat ▪ Aktivitätsdiagramm ▪ Sequenzdiagramm ▪ Kolloborationsdiagramm
	Mensch-Computer-Interaktion	...der Benutzeroberfläche	▪ grafische Spezifikation ▪ (Petri- Netze) ▪ (Zustandsautomat) ▪ Kontrollstrukturen ▪ Regeln

Besteht die Notwendigkeit, Datenanforderungen zu modellieren, wird dies mithilfe von **Klassendiagrammen** modelliert und zusätzlich mit einer **textuellen Beschreibung** erfasst. Die Geschäftsprozesse sowie die sich daraus ergebenden Funktionsanforderungen werden mithilfe der verschiedenen **Prozessdiagramme** dargestellt.

Wenn es die Komplexität erfordert, können zusätzlich, **Anwendungsfalldiagramme** sowie **Datenflussdiagramme** genutzt werden, um mithilfe der zusätzlichen Sichten auf das Problem, die Komplexität zu reduzieren. Das zeitabhängige Verhalten bzw. die Prozessschritte werden mithilfe der Modellierungssprache **BPMN**[22] modelliert. Da beispielsweise ein Aboverwaltungssystem auch ein System zur Mensch – Computer – Interaktion ist, werden die Anforderungen an die Benutzeroberfläche mithilfe von „**Mock up**“[23] – Darstellungen modelliert.

Sonstige Anforderungen werden primär textuell beschrieben. Ist eine gewisse Komplexität erkennbar, kann je nach Situation und Bedarf, eine Entscheidung für ein Basiskonzept zur Modellierung getroffen werden und mithilfe dieser modelliert werden.

3.1.3: Prüfen

22 BPMN – Diagramme können als Erweiterung der Aktivitätsdiagramme der UML angesehen werden.

23 Mock – up's sind rudimentäre Prototypen einer Benutzerschnittstelle, um Anforderungen an die Benutzeroberfläche ermitteln zu können.

In dieser Phase gilt es die Frage zu beantworten, ob die richtigen Anforderungen erfasst wurden. Die einfachste Form, Anforderungen auf Ihrer Richtigkeit zu überprüfen, ist es, ein Workshop mit dem Auftraggeber sowie den späteren Systemnutzern durchzuführen. Im Workshop werden die erstellten Anforderungsartefakte mit den am Workshop beteiligten Teilnehmern besprochen. Werden fehlende oder falsche Anforderungen ermittelt, werden diese in einem Dokument festgehalten. Die identifizierten Sachverhalte fließen erneut in die Analyse mit ein und werden gegebenenfalls in die bestehenden Anforderungsartefakten ergänzt oder es werden neue Artefakte hergestellt. Dieses Vorgehen zur Prüfung von Anforderungen auf Ihre Richtigkeit ist nur eine Möglichkeit. Einen Überblick über weitere Vorgehensweisen und Techniken zur Anforderungsvalidierung gibt Pohl[24].

3.1.4: Managen

Das Management im Requirements Engineering Prozess hat primär die Aufgaben die sich aus der

[24] Vgl. Pohl, 2008, S. 443 – 489.

in Kapitel 2 genannten Definition des Requirements Engineering ergeben.

Dabei ist das Ziel des Requirements Management, die Aktualität und die Qualität der Anforderungen, sowie die Plan- und Termineinhaltung im Requirements Engineering Prozess, zu gewährleisten.[25]

Die Aktualität der Anforderungen wird, durch regelmäßige Kommunikation mit den Stakeholdern, gewährleistet. Der Managementprozess des Requirements Engineering ist ein durchgängiger, bis zur Go Live – Phase andauernder, Prozess. Daher wird kontinuierlich, zu festgelegten Zeiten, der aktuelle Stand der Anforderungsmodelle und Beschreibungen mit dem Auftraggeber abgeglichen. Somit wird ein gemeinsames Verständnis der Anforderungen und der umzuset zenden Funktionen zwischen den Stakeholdern erreicht.

Qualitätseigenschaften von Anforderungsmodellen sind zum Beispiel, Verständlichkeit, Wiederspruchsfreiheit, Nachweisbarkeit, Vollstän-

25 Vgl. Vector Consulting GmbH, 2002.

digkeit und Eindeutigkeit. Die Qualität im Requirements Engineering Prozess wird anhand zweier Konzepte sichergestellt.

1. Anforderungsmatrix

Es wird empfohlen eine Anforderungsmatrix, wie in Abbildung 6 zu sehen ist zu verwenden.

Anforderungs -ID		Beschreibung der Anforderungen	Bemerkung
P1.0	Name des Prozess		
	P1.1	Anforderung 1.1 Beschreibung	
	P1.2	Anforderung 1.2 Beschreibung	
	P1.3		
	P1.4		
	P1.5		
P2.0	Name des Prozess		
	P2.1	Anforderung 2.1 Beschreibung	
	P2.2	Anforderung 2.2 Beschreibung	
	P2.3		
	P2.4		
	P2.5		

Abbildung 5: Anforderungsmatrix

Somit ist jederzeit eine Aussage über die Vollständigkeit und Nachweisbarkeit der Prozessanforderungen gegeben. Jeder identifizierte Prozess und die dazugehörigen Anforderungen werden erfasst und in Beziehung gesetzt.

2. Glossar

Um die Verständlichkeit, Wiederspruchsfreiheit und Eindeutigkeit zu gewährleisten wird ein Glossar gepflegt. Im Glossar werde alle Begrifflichkeiten, die einem fachlichen Kontext zuzuordnen sind gepflegt und erklärt. Somit ist jederzeit ein Nachschlagewerk vorhanden, um Begriffe, die in den Prozessmodellen genutzt werden und mehrdeutig sein können, nachzuschlagen.

Literaturverzeichnis

Allweyer, T. (2005). *Geschäftsprozessmanagement.Strategie,Entwurf, Implementierung,Controlling*. Bochum: W3L GmbH.

Arbeitskreis Industrie-Zielgruppen (AIZ) (Hrsg.). (o.J). *Integrierte Leser-Struktur-Analyse*. o.O: o.V.

Balzert, H. (2000). *Lehrbuch der Software - Technik. Software - Entwicklung*. Heidelberg: Spektrum Akademischer Verlag GmbH.

bsmo GmbH. (09. 08 2011). *Springer Medizin*. Abgerufen am 09. 08 2011 von Das Fachportal für Ärzte: http://www.springermedizin.de/

DeMarco, T. (1978). *Structured Analysis and System Specification*. New York: Yourdon Press.

Deutsche Post. (17. 07 2011). *Premiumadress - Ihre digitale Adresspflege*. Abgerufen am 17. 07 2011 von http://www.deutschepost.de/dpag?tab=

1&skin=hi&check=yes&lang=de_DE&xmlFile=link1022086_1021931

Engel, B., & Uhlig, M. (14. 07 2011). *Technische Universität Dresden.* Abgerufen am 14. 07 2011 von http://www-st.inf.tu-dresden.de/Lehre/WS00-01/st2/praktikum/Montag/3/sa.pdf

Franz, L. (2001). *Einführung in Multimedia – Grundlagen, Technologien und Anwendungsbeispiele.* Wiesbaden: Betriebswirtschaftlicher Verlag Dr. Th. Gabler GmbH.

Gesellschaft für Informatik e.v. (13. 07 2011). *GI-FG 2.1.6 (RE).* Abgerufen am 13. 07 2011 von http://www1.gi-ev.de/fachbereiche/softwaretechnik/re/

Koschnick, W. J. (13. 07 2011a). *Focus medialine.de.* Abgerufen am 13. 07 2011 von Fakten für Ihre Media- und Marketingplanung: http://www.medialine.de/deutsch/wissen/medialexikon.php?snr=502

Koschnick, W. J. (13. 07 2011b). *Focus medialine.de.* Abgerufen am 13. 07 2011 von Fakten für Ihre Media- und

Marketingplanung: http://www.medialine.de/deutsch/wissen/medialexikon.php?snr=5340

Object Management Group. (14. 07 2011a). *Unifield Modeling Language*. Abgerufen am 14. 07 2011 von http://www.uml.org/

Object Management Group. (16. 07 2011b). *BPMN 2.0*. Abgerufen am 16. 07 2011 von http://www.omg.org/spec/BPMN/2.0/PDF/

Oestereich, B. (2009). *Analyse und Design mit Uml 2.3. Objektorientierte Softwareentwicklung.* München: Oldenburg Wissenschaftsverlag GbmH.

Pohl, K. (2008). *Requirements Engineering. Grundlagen, Prinzipien, Techniken.* Heidelberg: dpunkt verlag GmbH.

Pohl, K., & Rupp, C. (2009). *Basiswissen Requirements Engineering. Aus- und Weiterbildung zum Certified Professional for Requirements Engineering. Foundation Level nach IREB-Standard* . Heidelberg: dpunkt.verlag GmbH.

Robertson, S., & Robertson, J. (2006). *Mastering the Requirements Process.* Harlow: Addison Wesley.

SAP Deutschland. (11. 08 2011). *SAP NetWeaver.* Abgerufen am 11. 08 2011 von Die Zukunft mit IT gestalten: http://www.sap.com/germany/plattform/netweaver/index.epx

The Institute of Electrical and Electronics Engineers. (1999). *IEEE Standards Software Engineering, 1999 Edition, Volume Four: Resource and Technique Standards.* New York: The Institute of Electrical and Electronics Engineers.

Vector Consulting GmbH. (o. T. 05 2002). *Automotiv Engineering Partners.* Abgerufen am 13. 08 2011 von Requirements-Management – Glücksspiel oder systematischer Prozess?: http://www.vector.com/portal/medien/cmc/press/PCO/RequirementsManagement_AEP_200205_PressArticle_DE.pdf

Weilkiens, T. (2006). *Systems Engineering mit SysML/UML. Modellierung,Analyse,Design.* Heidelberg: dpunkt.verlag GmbH.

Wieringa, R. (1998). *A Survey of Structured and Object-oriented Software Specification Methods and Techniques.ACM Computing Surveys,Volume 30, Nr. 4, S. 459 - 527.* o.O: o.V.

Stichwortverzeichnis

Anforderungen 10

Anforderungsmatrix 15

IEEE – Richtlinie 10

Requirements Engineering 4

Systemkontext 11

31230132R00029

Printed in Poland
by Amazon Fulfillment
Poland Sp. z o.o., Wrocław